10SAI KARA NO TSUTAERU CHIKARA by Takashi Saito
Original Manga story by Iroha Inoue
Drawing Manga by Madoka Matsuura
Copyright ⓒ Takashi Saito, 2021
All rights reserved.
Original Japanese edition published by FOREST Publishing Co., Ltd.
Korean translation copyright ⓒ 2022 by MAEKYUNG PUBLISHING
This Korean edition published by arrangement with FOREST Publishing Co., Ltd.,
Tokyo, through HonnoKizuna, Inc., Tokyo, and BC Agency

이 책의 한국어판 저작권은 BC에이전시를 통해 저작권자와 독점계약을 맺은
매경출판에 있습니다. 저작권법에 의해 한국 내에서 보호를 받는
저작물이므로 무단전재와 복제를 금합니다.

목차

서문 발표하는 힘, 전달력을 키워요 ········· 6

프롤로그 ········· 14

1장 무엇을 전달해야 할지 모르겠어요 ········· 24

판다 스피치 교실 자신의 의견이나 전달하고 싶은 내용을
찾는 것부터 시작하기 ········· 46

- **Tip 1** '딱히 없어요'라는 말은 NO!
- **Tip 2** 의견이나 아이디어가 떠오르지 않는다면?
- **Tip 3** 평소에 자신의 생각을 확립하고 정리해 두기
- **Tip 4** 포인트는 3가지로 요약하기

2장 부끄러워서 발표를 못 하겠어요 ········· 60

판다 스피치 교실 긴장감이나 부끄러움을 없애기 ········· 84

- **Tip 1** 긴장감의 정체를 알자
- **Tip 2** 부끄러워하는 모습이야 말로 정말 부끄러운 것
- **Tip 3** 신경을 튼튼하고 무덤덤하게 만들기
- **Tip 4** 긴장감과 부끄러움 없애는 연습하기

3장 친구들 앞에서 발표할 수 있어요 ·········· 104

판다 스피치 교실 · 교실 앞에 나가서 발표하기 ·········· 132

- **Tip 1** 발표 내용을 좀 더 재미있게
- **Tip 2** 어휘력으로 발표를 풍성하게
- **Tip 3** 발표 상황에 맞게 몸으로 표현하기
- **Tip 4** 발표 직전에 긴장이 된다면
- **Tip 5** 전달력은 일상을 즐겁게 해 준다

에필로그 ·········· 150

하나 더! 전달력으로 더욱 즐거워져요 ·········· 152

- **Tip 1** 전달력이 있으면 좋은 친구가 생겨요
- **Tip 2** 전달력이 있으면 잡담이 능숙해져요
- **Tip 3** 사실이라 해도 말해서는 안 되는 것이 있어요
- **Tip 4** 의견 충돌을 통해 신선한 아이디어가 떠올라요
- **Tip 5** 창조적 커뮤니케이션을 해요

서문

발표하는 힘, 전달력을 키워요

여러분은 반 친구들 앞에서 발표를 해 본 적이 있나요? 많은 사람들 앞에서 자신의 의견을 말 해 본 적은 있나요? '긴장되고 부끄러워서 그런 건 하고 싶지 않아요' 하는 친구들이 대부분일 지도 모르겠습니다. '발표를 해 본 적이 있긴 한데 잘 안 되더라고요. 그 다음부터는 도저히 자신이 없어서……'라거나 선생님에게 질문을 받아도 딱히 생각해 본 적이 없다고 대답하는 친구들도 많을 겁니다.

어른들 중에도 생각을 잘 정리하지 못한다거나, 자기가 낸 의견을 다른 사람들이 반대하지 않을까 불안해서 발표를 싫어하는 사람들이 많습니다. 그런데 요즘 시대에 자신의 생각이나 의견을 사람들 앞에서 발표한다는 것은 정말 중요한 일입니다. 특히 국제 사회에서는 본인 의견을 전달하지 못하는 사람은 평가할 가치가 없다고 여깁니다. 공공의 장에서 발언을 피하거나 회의에서 목소리를 내지 않으면, 좋게 말하면 '우아하고 말수가 적다'라고 할 수도 있겠지만, 듣는 사람들의 속마음은 '저 사람은 전혀 자신의 의견을 말하지 않으니, 무슨 생각을 하고 무슨 말을 하고 싶어 하는지 알 수가 없네. 자기 생각이라는 것이 있기는 한가? 이해하지 못하고 있는 것 아냐? 어쩌면 저 사람은 머리가 좋지 않은 건지도……?' 이렇게 부정적인 평가를 받을 수 있습니다.

물론 누구나 자기 생각을 갖고 있고, 일대일로 만나서 이야기하면 제법 표현도 잘할 수 있습니다. 그런데 막상 부끄럽다거나 긴장된다는 이유로 사람들 앞에서 표현하기를 주저한다는 것은 정말 안타까운 일입니다. 아무리 멋지고 훌륭한 아이디어나 의견을 갖고 있어도, 사람들에게 전달하지 못하면 자기 안에 가두어 둔 채 살아갈 뿐입니다.

한국의 교육부에 해당하는 일본의 문부과학성에서도 '모두가 전달력을 기를 수 있게 하자!' 라는 모토로, 2020년 *학습지도요령에 반드시 학습해야 할 항목에 '표현력'을 넣었습니다. 좀 더 자세히 이야기하자면, 새로운 시대를 살아갈 아이들에게 필요한 능력 세 가지를 교육 방침의 핵심으로 정한 것입니다.

- 배운 내용을 인생 또는 사회에서 응용할 수 있는 배움에 임하는 힘, 인간성
- 실생활에서 활용하는 지식 및 기능 습득력
- 미지의 상황에도 대응할 수 있는 사고력, 판단력, 표현력

지금 시대는 변화 속도가 상당히 빠릅니다. 인터넷이나 인공지능(AI)의 급속한 진화로 인해, 세상이 필요로

***학습지도요령** : 일본의 모든 초등학교에서 일정 수준을 유지할 수 있도록 일본 문부과학성이 지정한 커리큘럼의 기준. 학생들의 교과서나 시간표의 표준이 되고 있다.

하는 능력도 점점 달라지고 있습니다. 그 뿐만 아니라 지구 온난화 문제나 코로나19 같은 신종 바이러스 발생, 기타 다양한 재해 등 우리는 언제 무슨 일들이 발생할지 모르는 날들을 살아가고 있는 것입니다. 그런 일상 속에서 이 학습지도요령의 세 가지 핵심 내용 중 '미지의 상황에도 대응할 수 있는 **사고력, 판단력, 표현력**은 특히 중요성이 커지고 있습니다. 스스로 생각하고 판단하고 표현하는 힘, 그 힘을 기르는 것이야말로 여러분이 앞으로의 세상을 살아가는 데 있어서 중요하고 든든한 무기가 되리라 믿습니다.

그 중에서도 특히 **표현력**이 그렇습니다. 영어로 '표현하다'를 'Express'라고 하는데, 그 어원은 라틴어의 'Ex(밖)+Press(밀어내다)'입니다. 즉 '표현하다=자신의 밖으로 나아가다'라는 뜻입니다. 겁내지 말고 용기를 내어 자신의 의견이나 아이디어를 천천히 밖으로 내보내면서, 세상을 바꾸기도 하고 여러분의 인생을 즐겁게 가꾸어

나가는 겁니다. 여러분이 그 **표현력**을 학교에서 배울 때 중심이 되는 것이 바로 **교실에서 발표하기**입니다.

"나는 내성적이라서 사람들 앞에 서서 말하기가 정말 힘든데……."

"사람들 앞에 서면 얼굴이 빨개져요. 도무지 이 성격을 고칠 수가 없어요."

"사람들 앞에서 발표하는 건 성격이 밝고 활달한 사람이 유리할 텐데, 표현력으로 학력을 평가한다면 너무 불공평한 것 같아요."

여러분 중에 이렇게 생각하는 친구도 있을 것입니다. 하지만 주위를 한 번 둘러보세요. 평소에는 내성적이고 수줍음도 많지만, 사람들 앞에서 피아노를 친다거나 노래를 부를 때 전혀 다른 사람이 되어 실력 발휘하는 친구들이 있지 않나요? 개그맨들 중에도 TV나 무대에서는 너무 재미있고 웃기는 연기를 하지만, 평소 생활에서는 깜짝 놀랄 정도로 조용하고 말수가 적은 사람들이 많습니다. 또 평소에는 친구들과 수다도 잘 떨고 밝게 지내면서, 사람들 앞에 서면 안절부절 어쩔 줄 모르는 사람도 있잖아요? 맞습니다, 발표와 성격은 큰 관계가 없다고 할 수 있습니다. 그럼 왜 발표를 잘하는 사람과 그렇지 않은 사람이 있는 것일까요?

  답은 너무나 간단합니다. 그것은 **'발표를 배운 적이 있느냐 없느냐의 차이'**입니다. 그리고 **'발표를 연습했는가 아닌가'** 그 차이일 뿐입니다. 피아노나 노래와 마찬가지입니다. 피아노를 잘 칠 수 있다는 것은 연습을 많이 했기 때문입니다. 배운 적도 없고 연습도 하지 않았는데 사람들 앞에서 갑자기 잘 칠 수 있을까요? 피아노 치는 법을 차근차근 배우고 평소에 같은 곡을 수없이 연습했기 때문에, 사람들 앞에서도 잘 칠 수 있는 겁니다. 개그맨들도 아카데미나 교습소 같은 곳을 다니면서 같은 대사를 수없이 반복하고 연습하기 때문에 TV나 무대에서 당황하지 않고 실력 발휘를 할 수 있는 것입니다.

다시 말해서, **사람들 앞에서 발표하는 용기도 연습을 하면 기를 수 있습니다.** 이 책에서는 그 연습 비결을 소개하려고 합니다. 만화에 등장하는 초등학생 지민이와 다현이도 어느 날 갑자기 참관 수업 시간에 연구 발표를 하게 되자 많이 당황합니다. 지민이는 '나는 의견이 없어', 다현이는 '부끄러워서 사람들 앞에서 나의 생각을 말 못하겠어'라며 고민합니다. 이 둘은 각자의 고민을 극복하고, 사람들 앞에서 무사히 멋들어진 발표를 해낼 수 있을까요? 여러분도 발표하는 비결을 배우고, 자신의 생각을 발표하는 힘, **전달력**을 길러 봅시다!

1장

무엇을 전달해야 할지 모르겠어요

판다 노트

〈예시 1〉

| 시작하는 말 | 안녕하세요, 제 이름은 ○○입니다.

포인트① 좋아하는 음식 (　　　　　　　　　)
포인트② 좋아하는 과목 (　　　　　　　　　)
포인트③ 좋아하는 책 (　　　　　　　　　)

| 끝내는 말 | 이런 저와 친하게 지내 주신다면 정말 기쁘겠습니다.

〈예시 2〉

중요!

| 시작하는 말 | 담임선생님에 대해 소개하겠습니다. <u>포인트는 세 가지</u>입니다.

포인트① (　　　　　　　　　　　　　　)
포인트② (　　　　　　　　　　　　　　)
포인트③ (　　　　　　　　　　　　　　)

| 끝내는 말 | 그래서 우리는 이런 담임선생님을 정말 좋아합니다.

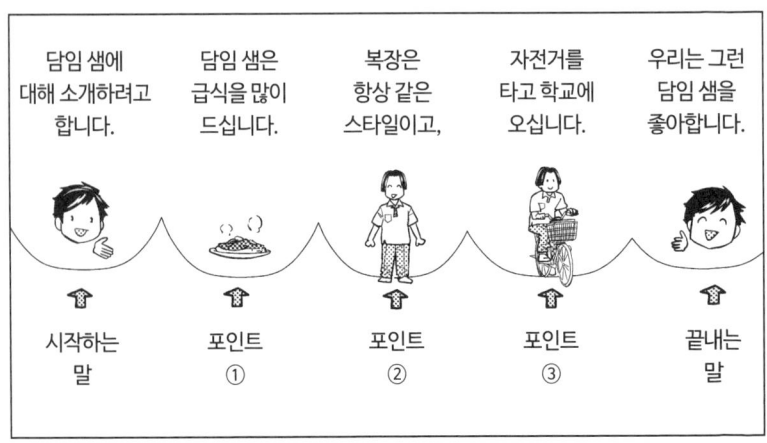

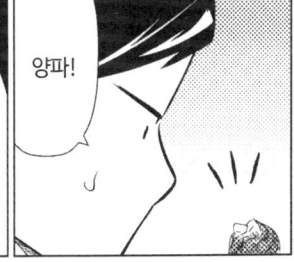

축구는 차고! 달리고! 즐겁다! 이거군!

과학 시간

알겠죠?

여름철 별자리

여름철 별자리는 여러 가지가 있어요.

그럼 밤 10시쯤 동쪽 하늘에 보이는 별자리가 무엇인지 아는 사람!

바로 지금, 퀴즈 참가자 마인드!

네! 카시오페이아!

탁

판다 스피치 교실

자신의 의견이나 전달하고 싶은 내용을 찾는 것부터 시작하기

Tip 1 '딱히 없어요'는 No!

수업 시간에 '외국 아이들의 물 긷기' 문제에 대해 지민이와 다현이는 제대로 자신의 의견을 말하지 못했어요. 다현이는 자신의 의견이 있었지만 긴장되고 부끄러워서 발표를 못했고, 지민이는 자신의 의견 자체가 없었습니다. 여러분도 지민이와 다현이와 같은 경험이 있나요? '긴장되고 부끄러워서 발표를 잘 못한다'라는 다현이의 태도에 대해서는 나중에 이야기해 보기로 해요. 지금 살펴봐야 할 사람은 지민이인 것 같습니다.

자신의 의견을 묻는 질문을 받았을 때 '딱히 없는데요'라고 말하는 것은, 조금 심하게 표현하자면, 절대로 해서는 안 되는 행동입니다. 이번 수업을 예로 들어 보자면, 외국 아이들의 문제에 대해 생각해 보는 것 자체를 '나와는 관계없다'고 외면해 버리는 식이 되어 버리기 때문입니다. '만약 내가 그 아이들과 같은 입장이었다면'이라는 공감 의식이나 도와주어야 한다는 마음이 부족하면 상상력도 없고 배려심도 없는 사람이 되고 맙니다. 비단 이 문제만이 아닙니다. 어떤 일이든 '무언가 떠오르는 생각이 있나요?', '의견 있어요?'라는 질문을 받았을 때, **'특별히 떠오르는 생각 같은 건 없는데요'라고 말하면 절대로 안 된다**는 것을 기억해 두세요. 어떤 내용이든 좋으니까 억지로라도 떠올려 보기 바랍니다. 아무리 작고 사소한 아이디어라도 **아예 생각이 없는 것보다는 훨씬 나으니까요.**

지민이가 수업이 끝난 후에 '잘 굴러갈 수 있는 모양의 그릇에 물을 담아서 옮긴다'라는 생각을 했는데, 사실 이 대답은 아주 정확했어요. 실제로 아프리카의 어떤 나라에서는 이 '굴리는 그릇'이 엄청 잘 팔렸다고 합니다. 이런 사례만 보더라도 누군가의 의견이나 아이디어 하나가 문제를 해결하기도 하고, 사람을 구하기도 하는 것을 알 수 있습니다. 앞으로는 '아이디어가 있나요?', '의견이 있나요?'라는 질문을 받으면, 무조건 무슨 말이라도 해 보려는 습관을 들이기 바랍니다. 물론 그 의견이 긍정적이고 진취적이라면 더욱 좋겠지요.

Tip 2 의견이나 아이디어가 떠오르지 않는다면?

'아무리 그렇더라도 갑자기 의견을 내놓으라고 하면 조금 무리가 되기는 해요'라고 하는 사람도 있을지 모르겠습니다. 이런 사람은 다현이가 말한 것처럼 **'집에서 퀴즈 프로그램을 시청하고 있는 시청자의 입장'**이 아니라, **'지금 퀴즈 프로그램에 출연해서 문제를 풀고 있는 당사자의 입장'으로 수업에 임해 보세요.** '선생님이 가르치고 싶어 하는 내용이 이런 건가?', '선생님이 어떤 질문을 하실까?' 등을 예측하면서 수업을 듣는 겁니다.

그리고 '나라면 이렇게 할 텐데' 하면서 **본인의 의견이나 생각을 메모**해 보세요. 머릿속으로만 생각하고 있으면 잊어버릴 수 있기 때문에, 핵심어만이라도 종이에 적어 두는 것이 중요합니다. 메모를 해 놓으면 언제 의견을 묻더라도 즉시 대답할 수 있으니까 걱정할 필요가 없겠지요. 이렇듯 **'나의 의견'을 말하려면 '준비'가 아주 중요**

합니다. 지민이도 처음 느껴 본 기분이겠지만, 그것이 바로 '적극적인 수업 태도'로 이어진답니다. 수업을 듣거나 누군가와 대화를 나눌 때는 의문점이나 궁금한 점을 미리 준비하는 것이 좋습니다. '마지막으로 질문 있나요?'라고 물어왔을 때, 최대한 질문을 많이 하는 것이 효과적이기 때문입니다.

예를 들면 우리가 귤 통조림 공장에 견학을 갔다고 가정해 보겠습니다. 공장에 계신 분이 이런저런 설명을 해 주신 다음, 마지막에 '질문 있으면 해 주세요'라고 합니다. 그런데 그 질문과 동시에 생각을 시작하면 이미 늦어요. 설명을 들으면서 '그런데 귤껍질은 어떻게 벗기지?'라는 식으로 그 때 그 때 떠오르는 의문점을 메모해 두는 겁니다. 좋은 질문은 설명하는 사람을 기쁘게 한답니다. 좋은 질문을 한다는 것은 그만큼 흥미롭게 이야기를 잘 들었다는 증거이기 때문입니다.

Tip 3 평소에 자신의 생각을 확립하고 정리해 두기

 수업뿐만 아니라 평소에도 주변에 자신의 생각이나 의견을 정리해 두는 것이 좋습니다. 그런 습관을 들이면 저절로 다양한 대상에 흥미를 갖게 되고, 갑자기 대화를 하게 된다거나 질문을 받았을 때, 거침없이 자신의 생각을 내놓을 수 있기 때문입니다. 의견을 확립하고 정리하는 훈련에 도움이 되는 것이 바로 신문입니다. **매일 흥미로운 신문기사를 오려서 노트 왼쪽에 붙여 보세요.** 초등학생이라면 이제 슬슬 신문을 읽기 시작해야 합니다. 어린이 신문도 좋고, 인터넷 기사를 출력해도 상관없어요. 기사를 노트 왼쪽에 붙인 다음, 내가 중요하다고 생각하는 **핵심어를 세 개 정도 찾아서 동그라미를 쳐 보세요.** 그리고 노트 오른쪽에는 그 단어와 관련된 기사를 요약(요점 정리)해서 적어 보는 겁니다.

 예를 들어 '최근 들어 지구 온난화 문제로 전기 자동차가 대안으로 떠오르고 있다'는 내용의 기사라면, '지구 온난화', '이산화 탄소', '전기 자동차' 같은 핵심어를 뽑아낸 다음, 연관된 내용을 요약해 봅니다. 이 **신문 스크랩 연습**을 반복하면 내가 요즘 흥미를 갖고 있는 부분이 무엇인지, 그에 대해 어떤 생각을 하고 있는지 등에 대해 말로 표현하기가 쉬워진답니다. 이 연습을 좀 더 효과적으로 하고 싶다면, 사회적으로 어떤 뉴스가 화젯거리인지 추려서 요약한 다음 가족이나 주변 사람들 앞에서 설명해 보세요. 좋은 발표 연습이 될 수 있습니다. 설명할 때는 대화체로만 하지 말고, 뉴스 앵커의 말투를 따라해 보면 어휘력 향상에도 도움이 되고 훨씬 흥미로울 것입니다.

Tip 4 포인트는 3가지로 요약하기

신문 스크랩 연습을 통해 핵심어를 세 가지로 요약해 보는 훈련은 매우 중요합니다. 대부분의 뉴스에서도 중요한 내용은 세 가지로 요약하는 경우가 많습니다. 만화에서 고등학생 마리 선배가 말한 것처럼, 여러분도 수업 중에 '선생님 이야기의 포인트는 뭐지?' 하고 생각하면서 수업 내용의 포인트를 세 가지로 적어 보세요. 수업이 전혀 다르게 느껴지고, 멍하게 있거나 졸 시간이 없을 겁니다. 수업 내용도 머릿속에 쏙쏙 들어와서 궁금한 점이나 자기 의견이 마구 생겨날 거고요.

그렇게 되면 지민이처럼 조금씩 긍정적인 결과를 얻을 수 있습니다. 이 '세 가지'라는 숫자는 정말 굉장한 것 같습니다. 듣는 사람도, 말하는 사람도, 무리하지 않고 기억하기에 딱 좋은 숫자입니다. 두 개는 너무 범위가 넓고, 네 개는 기억하기에 조금 버겁지 않나요? 신호등을 생각해 보세요. 빨강, 노랑, 초록, 세 가지에 보라색이나 주황색이 더 있다면 어떨까요? 보라색은 무슨 신호였지? 주황색은 어떤 신호였더라? 헷갈려서 고민하는 사이에 사고가 나버리면 큰일입니다. 그렇기 때문에 '3'이라는 숫자가 딱 좋은 것 같습니다.

발표를 할 때도 마찬가지입니다. **전달하고 싶은 내용**

을 딱 세 가지 포인트로 정리하는 겁니다. 프레젠테이션(발표)의 달인들도 이구동성으로 이 점을 강조합니다. 발표할 내용의 포인트를 세 가지로 정리하는 습관은, '자신의 의견과 전달할 내용'을 최소한 세 가지 이상으로 생각하는 훈련이 되기도 한답니다. 예를 들어서 내가 어떤 애니메이션을 무척 좋아한다고 해 봅시다. 지금까지는 단순히 '재미있어', '너무 좋아!'라고만 생각했다면, 훈련을 받고 나서는 '어떤 점이 재미있는지', '어떤 점이 좋은지' 세 가지로 정리해 보는 겁니다. ①그림이 예쁘다, ②주인공 캐릭터에 공감할 수 있다, ③성우가 멋지다 등의 대답이 나올 수 있겠지요. 이런 식으로 자신의 막연했던 느낌을 세 가지로 정리하다 보면, '아! 그래서 내가 이 애니메이션을 좋아했구나!' 하고 자신에 대한 새로운 발견도 할 수 있답니다.

자, 그럼 지금부터 내가 좋아하는 것, 좋아하는 상황 등에 대해 '내가 왜 좋아하지?', '좋은 점이 뭐지?' 같은 주제를 몇 가지 설정하고, 각각의 주제에 대해 포인트 세 가지를 적어 봅시다. 이 때 주의할 점은, 세 가지 포인트의 내용이 겹치지 않도록 해야 합니다. 내용이 너무 겹치면 한쪽으로 치우칠 수도 있기 때문입니다. 예를 들면 '지(知), 덕(德), 체(體)'라는 말이 있습니다. 이 말은 사람이 지혜, 인성, 튼튼한 몸이라는 세 가지 요소를 균형적으로 갖추어야 한다는 말입니다. 입법, 행정, 사법의 삼권분립도 마찬가지죠. 카메라를 세우는 삼각대 같은 느낌이라고 할까요? 균형 잡힌 세 가지로 요약해서 이야기하면 핵심 내용이 잘 전달될 수 있습니다. '이 애니메이션의 어떤 점이 좋을까?'라는 주제에 대해 발표할 때, 세 가지 포인트를 ①그림이 예쁘다, ②그림의 선이 섬세하다, ③그림의 색감이 내 취향이다, 하면 차별성도 없고 내용도 중복되어 보이기 때문에 이야기가 전개되기 어려울 수 있습니다. 이런 경우에는 다음과 같이 적절하게 균형을 잡아 보면 어떨까요?

시작하는 말	오늘은 제가 좋아하는 애니메이션 ○○에 대해서 이야기하겠습니다. 제가 이 애니메이션을 좋아하는 이유는 세 가지입니다.
포인트 ①	일단 그림이 너무 멋집니다.
포인트 ②	주인공에게 충분히 공감할 수 있고요.
포인트 ③	싱우의 목소리가 멋있어요.
끝내는 말	여러분도 한 번 보시고, 저와 감상을 이야기해 볼 수 있기를 바랍니다.

시작하는 말과 끝내는 말도 중요해요. 발표를 시작할 때 '이제부터 이런 이야기를 하겠습니다, 포인트는 세 가지입니다'라고 알려주면, **듣는 사람들도 마음의 준비를 할 수 있고, 발표자와 속도를 맞추면서 끝까지 편안하게 들을 수 있겠지요.** 그리고 끝내는 말도 미리 정해 두는 것이 중요합니다. 끝맺음에서 실패하면 공든 탑이 무너질 수 있기 때문입니다. 체조 경기에서도 착지점을 확실하

게 정해 두지 않으면 순간 당황해서 머리부터 떨어지는 사고가 발생하기도 합니다. 발표를 하는 중간에 '그런데 마지막은 어떻게 하지?' 고민하기 시작하면 발표하는 사람도 이야기가 흐지부지해지고, 듣는 사람도 조마조마해집니다. 그러므로 발표 시작 전에 마무리만큼은 꼭 정해 두어야 합니다. **결말을 정해 두면 중간에 이야기가 곁길로 빠져도 실패하지 않고 깔끔하게 목적지에 도착할 수 있거든요.**

2장
부끄러워서 발표를 못 하겠어요

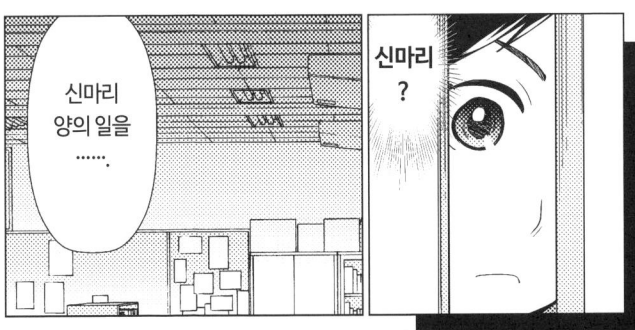

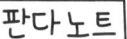

15초 스피치 연습법

한 가지 주제로 15초 말해 보기.

한 가지 주제를 15초 동안 말하는 연습을 해 보자!
우선은 자신이 좋아하는 주제로 무엇이든 말해 보는 거야!

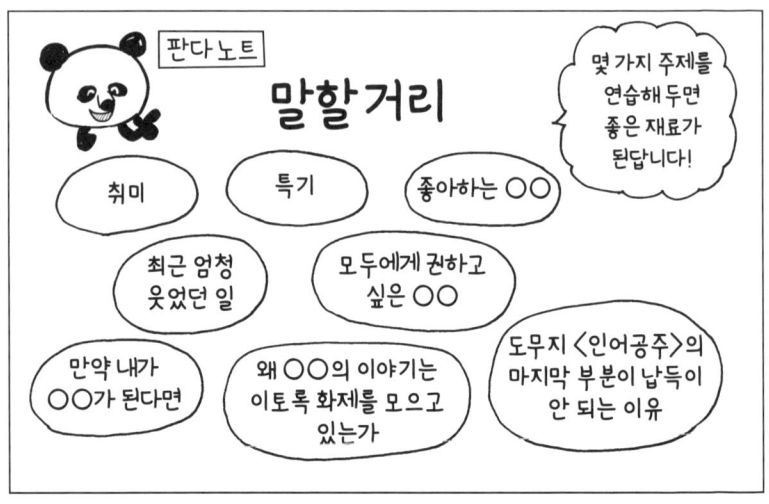

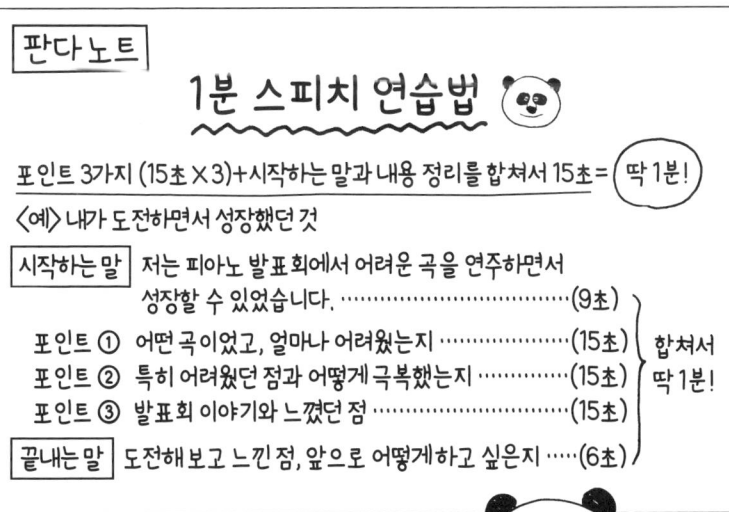

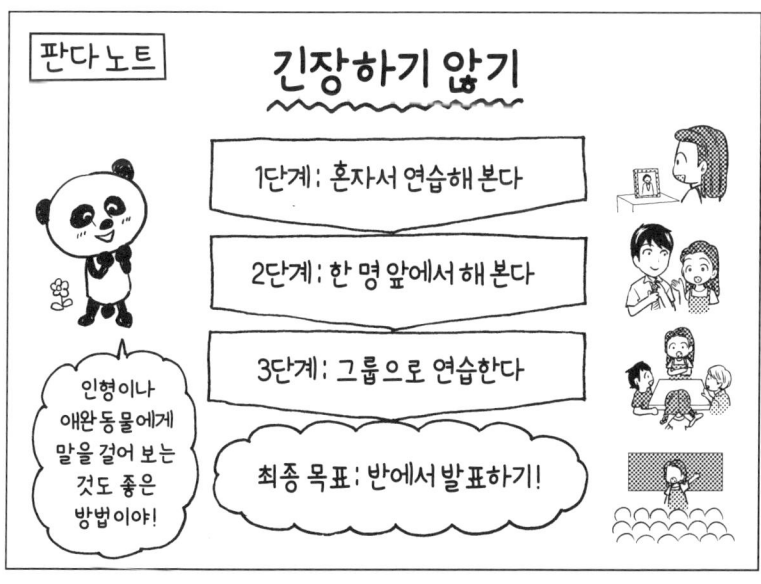

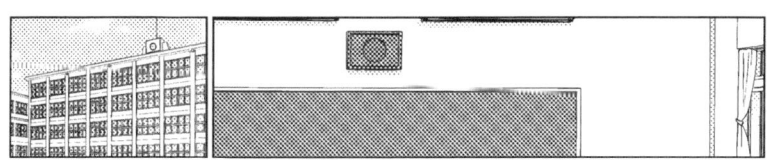

판다 스피치 교실

긴장감이나 부끄러움을 없애기

Tip 1 긴장감의 정체를 알자

초보자들이 발표할 때 가장 큰 문제는, 긴장감과 부끄러움일 것입니다. 분명히 나의 의견이나 생각이 있기는 한데, 막상 사람들 앞에 서면 다음과 같은 악순환이 반복되지요.

> 긴장돼서 아무 말도 할 수가 없다.
> ⬇
> 당황스러워서 머릿속이 새하얘진다.
> ⬇
> 무슨 말을 하려고 했는지 생각이 나지 않는다.
> ⬇
> 그런 나의 모습을 사람들이 보고 있어! 너무 창피해.
> ⬇
> 두 번 다시 사람들 앞에서 발표 같은 건 하고 싶지 않다는 패배의식이 싹튼다.
> ⬇
> 패배의식 때문에 다음 발표 때 더욱 긴장된다.

이런 상황은 제가 지금 가르치고 있는 대학생 언니나

형들도 마찬가지랍니다. 대학생이 되었는데도 앞에 나와 이야기를 해 보라고 하면 '심장이 쿵쾅거려서 밖으로 터져 나올 것 같아요'라고 하는 학생들이 많아요. 이 긴장감만 없으면 아주 유쾌하고 재미있게 말할 수 있을 텐데, 이런 생각을 하겠죠? 하지만 여러분, 원래 긴장감은 그렇게 나쁜 감정이 아니랍니다. 긴장, 불안, 공포 같은 감정은 무조건 나쁘다고 생각하는데, 의외로 우리가 인간으로서 살아갈 때 반드시 필요한 감정들이랍니다. 운동선수들도 적당한 긴장감이 있어야 좋은 결과가 나온다고 하잖아요. 사람은 긴장을 하면 신중해지고, 감각도 훨씬 살아난답니다. 그렇기 때문에 적당한 긴장감은 오히려 실패와 실수를 줄여 주지요.

'긴장하면 안 돼'라는 생각에 사로잡혀서 **자신이 긴장하고 있다는 사실을 숨기려고 하면 할수록, 긴장감은 좋지 않은 방향으로 커져** 버립니다.

'사람들 모두 내가 너무 떨려서 심장이 터질 것 같다는 것을 알아차렸겠지?'

'목소리가 너무 떨려. 긴장하고 있다는 것을 들키는 것 아니야?'

'얼굴이 빨개진 것 같아, 어떡하지?'

이런 생각 때문에 긴장감을 숨기려고 할수록 '나는 지금 엄청 긴장하고 있다!'라고 의식하게 되기 때문에 더욱더 긴장될 뿐입니다. 그럴 때는 아예 처음부터 '사람들 앞에서 이야기하려니 긴장되네요' 하면서 과감히 자신이 긴장하고 있다는 것을 공개한 다음 발표를 시작해 보세요. 듣는 사람들도, '내가 저 입장이라도 긴장했을 거야, 얼마나 긴장이 될까' 하면서 역지사지의 감정을 품게 됩니다. 혹시 발표자가 실수하거나 말문이 막히더라도 '긴장해서 그런 거지' 하고 이해해 줄 겁니다.

또 한 가지는 '주변 사람들이 나를 어떻게 볼까?'라는 생각에 얽매이지 말라는 것입니다. 학생은 선생님이 질문하면 대답해야 하고, 발표를 시키면 해야 하는 입장입니다. 여러분과 마찬가지로 다른 친구들도 긴장하고, 실수를 하면 부끄러워도 합니다. 그렇기 때문에 여러분의 실수나 실패에 깔깔거리며 웃고 있을 여유도 없거니와, 무엇보다 그 정도로 **여러분을 신경 쓰고 있지 않다는 사실을 잊지 말기 바랍니다.**

이렇게 생각하면 조금은 마음이 편안해지지 않나요?

Tip 2 부끄러워하는 모습이야 말로 정말 부끄러운 것

긴장한 모습을 억지로 숨기지 말라고는 했지만, 그렇다고 선생님 질문에 답변할 때나 친구들 앞에서 이야기할 때, 노골적으로 긴장하면서 시간을 끌거나 머뭇거리는 모습도 바람직하지 않습니다.

'아, 이렇게 갑자기 시키니 너무 긴장되네요' 하면서 어정쩡한 자세로 시간을 보낸다면, 모두의 소중한 시간을 빼앗는 꼴이 되기 때문입니다. 요즘 사람들은, **마냥 부끄러움만 타고 있는 사람을 지켜보고 있을 만큼 한가하지 않습니다.** 만약 여러분이 그런 사람을 지켜보는 입장이 되었다고 상상해 보세요. '뭐든 빨리 좀 했으면 좋겠는데' 이런 생각이 들지 않을까요? **'뭐든 빨리 좀 했으면' 이 부분이 아주 중요합니다.** 긴장을 하던 하지 않던, 빨리 하고 빨리 지나가 버리는 것, 이것이 핵심입니다.

예를 들면, 노래방에서 내 순서가 돌아왔는데도 '아,

나는 노래를 잘 못 해서 창피해'라면서 끝까지 노래를 하지 않으려는 사람이 종종 있습니다. 그런 사람이 있으면 흥도 깨지고 분위기가 어색해져 버립니다. 그런데 정작 사람들은 그 사람이 부끄러워하는지 어떤지 전혀 관심이 없습니다. 그럴 때는 무작정 부끄러워 하지만 말고 '노래를 안 한다는 선택지는 없다'는 생각으로, 순서가 오면 빨리 노래를 해 버리는 겁니다. 그럴 때를 대비해서 자신 있는 곡을 하나 정해 두는 것도 좋은 방법입니다. **마냥 부끄러워만 한다고 해서 해결될 것은 없습니다.** '내 역할을 해낸다'는 정도의 가벼운 마음이면 됩니다. 발표든, 질문에 답하는 일이든 마찬가지예요. 어차피 꼭 해야 할 일이라면, 뜸 들이지 말고 후다닥 마무리해 버립시다.

수업 중에 선생님이 '이 문제의 답을 아는 사람?' 하고 질문할 때가 있잖아요. 이런 상황도 언젠가는 순서가 돌아온다면 **틀려도 좋으니까 제일 먼저 손을 들고 대답을 하는 편이 낫습니다.** 왜냐하면 제일 먼저 손을 들고 대답하는 사람은 **설령 답변이 틀렸더라도 용기 있다는 칭찬**

을 받을 수 있기 때문입니다. 이를 가리켜 '퍼스트 펭귄(First Penguin)'이라고 부릅니다. 무리를 지어 행동하는 펭귄들 중에, 물고기를 잡기 위해 제일 먼저 바다로 뛰어드는 용감한 펭귄을 비유하는 말로서, 위험을 두려워하지 않고 도전하는 사람을 그렇게 부릅니다.

이와 반대로 마지막까지도 핑계를 대며 꼼짝도 않는 사람을 보면 '아직도 저렇게 엉뚱한 소리를 하고 있네' 하면서 고개를 내저을 겁니다. 선구자 정신으로 맨 처음에 용기를 낸 사람은, 조금 이상한 답변을 해도 '용기 있는 사람'이 될 수 있습니다. 선생님 입장에서도 '그렇게 생각할 수도 있겠네. 하지만 이런 방향으로 생각해 보는 것도 괜찮아' 하고 옹호해 준다거나, 다른 아이들에게 힌트가 될 만한 말을 해 주게 되거든요. 여러분도 지민이가 그랬던 것처럼 퍼스트 펭귄이 되어 봅시다!

Tip 3 신경을 튼튼하고 무덤덤하게 만들기

"아무리 그렇다 해도 틀리는 건 부끄러운 일이에요, 사람들이 웃으면 분명히 긴장돼서 얼어버릴 텐데요."

여전히 이렇게 생각하는 친구들도 있을 겁니다. 요즘은 워낙 섬세하고 조심스러운 성향을 가진 사람들이 많아서 그럴 만도 합니다. 그러다 보니 다른 사람의 마음이나 기분을 너무 앞서서 생각하게 되는 겁니다. 사람들이 자신을 어떻게 생각할지 신경 쓰이고 두려워서 아무 것도 할 수 없는 상태가 되고 맙니다.

하지만 일단 교실 앞이나 무대에 서면, 그 순간부터는 다른 사람들의 시선이나 기분 같은 것은 개의치 말고, '지금은 나의 차례다! 나의 이야기를 들어라!' 하는 용기를 내 봅시다. '다른 사람이 어떻게 생각하든 내 알 바 아니야'라고 할 수 있는, 튼튼하고 무덤덤한 신경이 필요합니다. 발표뿐만 아니라 앞으로 살아가다 보면 수많은 사람들이 늘어놓는 수많은 말들을 접하게 됩니다. SNS 등에서 익명의 사람들이 매일 같이 '불꽃 토론'을 벌이고 있지요. 섬세한 성격 탓에 신경이 너무 예민하면 상처 받기 딱 좋은 상황입니다.

그러므로 **신경을 여러 겹 겹치고 얽어매서 두껍고 튼튼하게** 해야 합니다. 가는 실이라도 여러 겹 겹치고 또 겹쳐서 튼튼한 망으로 만드는 원리입니다. 그렇게 만들어진 망은 좀처럼 찢어지거나 헤지지 않습니다. 마찬가지로 우리의 신경도 그렇게 만들어야 합니다. 신경망을 점점 튼튼하게, 무덤덤하게 만드는 것이 바로 우리의 **도전과 경험, 그리고 자신감**입니다. 도전을 통해 경험치를 늘린다, 그 경험을 쌓아나갈수록 자신감이 생긴다, 그 과정을 반복하다 보면 신경은 점점 튼튼해집니다. 그러니까 처음에는 사소한 것부터 도전해 봅시다. 그 자체만으로도 경험이 될 테니까요. 그러면 점점 자신감도 붙을 겁니다. 사람들이 자신을 칭찬해 주지 않아도, 주목하지 않아도 신경 쓰지 마세요. 무언가에 도전하고 있는 자신을 스스로 칭찬하면 됩니다.

그래요, 그렇게 **자화자찬하는 힘을 기르는 것도 중요합니다.** '음, 나도 제법 하는데?'라든가 '오늘은 지난번보다 훨씬 나아졌어' 이런 식으로 말입니다. 도전의 첫 걸음조차 떼지 못했던 지난날의 자신, 과거의 자신과 비교하면 두드러지게 성장한 부분이 있을 테니, 그런 자신을 칭찬하는 겁니다. 만화 속에서 지민이가 다현이에게 말했던 것처럼, '틀리더라도 자신 있게 발표하는 나, 너무 귀엽지 않아?'라고 말할 정도로 칭찬해 보세요.

다만 **절대로 다른 사람과 비교해서는 안 됩니다.** 다른 사람들이 잘 하는 것만 보면서 '저 사람들에 비하면 나는 아직 멀었어' 라는 생각에 의욕만 떨어질 뿐입니다.

나는 종종 제자들과 노래방에 가곤 하는데, 노래를 부르고 나면 점수가 나오거든요. 젊은 친구들이 목청 터져라 노래를 부르면 90점 이상도 잘 나오는데, 유독 나만은 70점을 넘기가 쉽지 않습니다. 그 젊은 친구들과 점수 내기를 해 보았자 상대가 되지 않으니 주눅이 들 수밖에요.

그래서 나는 총 점수 내기는 그만 두고 '표현력 점수만이라도 올려 보자' 하고 결심했습니다. 그랬더니 제자들도 나를 '표현력 대왕'으로 불러 주었습니다. 다른 사람의 좋은 점을 배우는 것은 좋은 일이지만, 누구에게나 자신만의 장점, 자신만의 스타일이 있는 법입니다. 그러니 괜히 주눅 들지 말고 자신의 장점을 찾아 칭찬하면서, 도전→경험→자신감을 반복해 봅시다. 이 과정이 몇 번 반복되면 신경망도 아주 튼튼하게 잘 짜일 것입니다.

Tip 4 긴장감과 부끄러움 없애는 연습하기

지금까지 살펴본 내용으로 이해했겠지만, **경험이 쌓이면 자신감이 생긴다는 말은 결국 '익숙해진다'는 뜻입**니다. 몇 번 경험하니 익숙해져서 별로 긴장되지 않는다면 당연히 자신감이 생기겠지요? 나 같은 경우는 유독 사람들 앞에서 이야기하는 것이 즐겁기도 하고 자신도 있는 편인데, 아마도 초등학생 때부터 많은 학생들 앞에서 자주 연설을 해 봤기 때문인 것 같습니다. 내가 다니던 초등학교는 한 반에 40명이 넘었는데, 한 학년 당 거의 여섯 학급. 그러니까 같은 학년의 친구들이 250명 정도, 전교생으로 따지면 1,500명입니다. 학생회 간부 활동을 했던 나로서는 1,500명 앞에서 이런저런 이야기를 해야 하는 상황이 자주 생길 수밖에 없었습니다. 그러다 보니 자연스럽게 사람들 앞에서 이야기하는 것이 익숙해진 겁니다. 여러분도 발표가 긴장된다면 우선 여러 번 연습을 해서 익숙해지는 것이 중요합니다. 연습하고 또 연습하면 익숙해지고, 익숙해지면 잘하게 되고, 그것이 자신감으로 이어지는 겁니다. 자신감이 생기면 그 다음에는 용기가 생깁니다.

'용기'란 다시 말하면 '익숙함'에서 비롯되는 것이랍니다. 선천적으로 용기를 타고난 사람은 거의 없습니다. 축구할 때는 거침없이 활약하는데, 노래방에만 가면 기가 죽어 있다, 이런 경우는 종종 있잖아요? 만화 속 다현이도 마찬가지입니다. 발표를 하라고 하면 수줍어하고 힘들어 하면서, 오랫동안 해 온 피아노를 연주할 때는 언제 그랬냐는 듯 자신감이 넘칩니다. 어쩌면 모든 일에 자신감과 용기를 펼치는 사람이란 거의 없을지 모르겠습니다. 대부분의 사람들은 자신이 익숙한 일에 대해서만 용기를 낼 수 있다고 보면 될 거예요.

말을 전문적으로 하는 사람들도 발표를 앞두고는 엄청난 연습을 한답니다. 각 나라와 도시가 올림픽을 유치할 때에도 올림픽 유치위원들이 IOC(국제 올림픽 위원

회) 총회에서 훌륭하게 프레젠테이션(발표)을 했기에 가능한 겁니다. 올림픽을 유치하기 위해서는 자기네 나라와 도시에서 올림픽을 개최하는 것이 얼마나 멋지고 아름다운 일인지, 수많은 사람들 앞에서 발표해야 하거든요. 그들 모두 단 한 번의 프레젠테이션을 위해 얼마나 많은 연습을 했을까요. 열 번 스무 번이 아니라 백 번 이상 하지 않았을까요. 그 덕분에 철저하고 완벽한 프레젠테이션을 성공적으로 완수할 수 있게 됩니다. 프레젠테이션 전문 코치를 두고 수많은 연습을 한 결과, 드디어 올림픽 개최라는 좋은 결과를 얻게 되는 것이죠.

전문가도 이 정도로 연습하고 준비하는데, 우리 같은 초보자들이 갑자기 발표를 하려고 하면 당연히 힘들고 잘 안 될 겁니다. 그러니까 먼저 사람들 앞에서 이야기하는 상황에 익숙해지는 연습부터 시작해요. 만화에서 소개되었던 판다 노트 연습법으로 지금 당장 시~작!

발표 주제 정하기

제일 먼저 자신이 좋아하는 것을 주제로 정해 보세요. 내가 좋아하는 것에 대해서는 누구나 신바람이 나서 이야기하고 싶어지는 법입니다. 여러분이 즐겁게 이야기하는 그 모습에, 듣는 사람들도 분위기가 화기애애해질 겁니다. 그 외에도 자신의 취미, 특기, 읽었던 책에 대한 감상 등 여러분이 자신 있게 말할 수 있는 주제도 몇 가지 준비해 두면 좋습니다.

15초 스피치 연습법

발표 주제를 정했으면, 포인트를 세 가지로 정리하고 각각의 포인트를 15초 동안 이야기하는 연습을 합니다. 타이머로 정확하게 재면서 연습하는 것이 중요합니다. 막상 이야기를 하려면 15초라는 시간도 생각보다 상당히 깁니다. 그런데 사람이 상대방 이야기에 집중하고 관심을 보이는 시간은 겨우 15초 정도라는 연구 결과가 있습니다. 15초를 넘기면 더 이상 상대의 이야기에 집중하기 어려워진다는 뜻이지요. TV 광고가 대부분 15초짜리로 제작되는 것도 모두 이 때문입니다. 그러므로 15초로 주어진 각각의 포인트에 정보를 잘 집약해서 말하는 연습을 확실하게 해 두는 것이 좋습니다.

1분 스피치 연습법

15초 스피치 연습법으로 첫 번째 포인트를 능숙하게 말할 수 있게 되면, 이어서 두 번째 포인트를 연습해 봅시다. 합계 30초짜리 연습이 되는 셈입니다. 그것도 잘 할 수 있게 되면 마지막 세 번째 포인트를 15초 동안 말하는 연습을 추가합니다. 이제 45초가 되는군요. 시작하는 말과 끝내는 말까지 포함하면 딱 1분. 이렇게 1분 동안 한 가지 주제에 대해 발표하는 연습을 해 보는 겁니다.

> **9초 시작하는 말**: 오늘은 제가 좋아하는 만화 영화 ○○에 대해 이야기하겠습니다. 제가 이 만화 영화를 좋아하는 포인트는 세 가지입니다.
> **15초 포인트 1**: 일단 그림이 멋집니다.
> **15초 포인트 2**: 주인공에 대해 충분히 공감할 수 있습니다.
> **15초 포인트 3**: 성우들의 연기가 일품이에요.
> **6초 끝내는 말**: 여러분도 한 번 보시고, 저와 함께 감상을 이야기해 보면 좋겠습니다.

이렇게 시간 배분이 익숙해지면 다른 주제도 준비해서 연습량을 늘려 나가면 됩니다.

① 발표할 주제 전달 – 9초

② 첫 번째 포인트 – 15초

③ 두 번째 포인트 – 15초

④ 세 번째 포인트 – 15초

⑤ 마무리 발표와 인사 – 6초

9초 + 15초 + 15초 + 15초 + 6초
= 60초 = 1분

청중을 늘려 나가기

15초 스피치 연습이든 1분 스피치 연습이든, 아무리 연습이라고는 해도 갑자기 친구들 앞에 서면 긴장이 될 수밖에 없습니다. 그러니까 처음에는 한 사람부터 시작하고 점점 청중을 늘려 가는 것이 좋습니다. 우선 집에 있는 반려동물이나 인형, 좋아하는 아이돌 사진을 앞에 놓고 연습해도 좋아요. 조금 더 익숙해지면 가족들 앞에서 해 보고, 그 다음은 친구 4명 정도 모아 놓고 해 봅니다. 그렇게 해서 자신감이 붙으면 드디어 반 친구들 앞에서 발표! 그 즈음이면 같은 내용을 여러 번 반복했기 때문에 차분하게 연습한 대로 잘 할 수 있을 겁니다!

3장

친구들 앞에서 발표할 수 있어요

괜찮아.

원고에 써서 계속 읽는 연습을 하면 돼.

그러다 보면 아나운서처럼 또랑또랑 당당하게 말할 수 있게 될 거야.

그럼 그 원고라는 것을 먼저 만들어야 되는 거네요?

힘내자, 지민아!

발표하는 요령

① "음~", "저~" 같은 표현 하지 않기

② 정면을 보며 말하기

③ 제일 뒤에 있는 사람이 들을 수 있도록 큰 소리로

그럼, 저희가 조사한 판다 샘의 비밀을 발표하겠습니다.

판다 샘은 급식을 항상 많이 드십니다.

1. 나쁜 사람인가
2. 조사
3. 결과발표
※ 봉투를 여기서 뜯는다.

또한 학교에는 자전거를 타고 오십니다.

하지만 급식은 한창 성장해야 할 저희를 위해 남겨 두어야 한다고 생각합니다.

그리고 저희들은 걸어서 등하교하도록 되어 있는데,

선생님만 자전거를 타고 오신다는 것은 잘못되었다고 생각합니다.

왜 지금 신마리 양 이야기가······!

졸업을 축하합니다

졸업을 축하합니다

그리고 졸업식이 끝난 후 봄방학 때

그 학생의 집에 판다 샘이 찾아왔습니다.

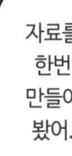

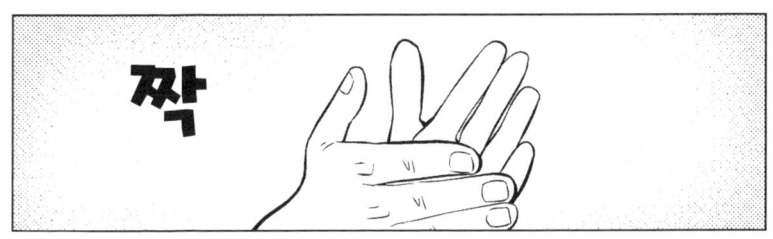

판다 스피치 교실

교실 앞에 나가서 발표하기

Tip 1 발표 내용을 좀 더 재미있게

다현이와 지민이의 발표는 무사히 끝났군요. 게다가 아주 훌륭했어요. 덕분에 반 친구들과 참관 수업에 오신 분들이 유익하면서도 즐거운 시간을 가질 수 있었네요. 두 사람 모두 발표 준비에 열정과 노력을 쏟았을 뿐 아니라, 〈판다 노트〉로 '발표를 좀 더 재미있게 하기 위한 공부'도 게을리 하지 않은 것 같습니다. 그렇습니다. 발표는 단순히 자신이 전달하고자 하는 내용을 사람들에게 들려주는 것이 아니라, 사람들이 **나의 발표를 듣고 즐거워할 수 있도록 연구하고 노력할 필요**가 있습니다. 그래야 발표하는 나도 즐거워지기 때문입니다.

긴장돼서 심장이 쿵쾅거리기도 하지만, '지금부터 아주 재미있는 이야기를 들려주어야지' 하는 설렘도 느낄 수 있을 겁니다. 발표가 익숙해지기 위한 연습 과정 속에는 여러분이 실제 발표회 때 발표할 주제를 정해서 그 내용을 세 가지로 요약, 정리하는 작업도 포함되어 있습니다. 선생님이 시키니까 앞에 나와서 이야기하는 것으로 끝나지 않고, 사람들이 재미있다고 느낄 수 있는 발표가 되도록 분발해 보는 겁니다. 우선 세 가지로 정리한 각각의 포인트를 다시 세 가지로 나눕니다.

> (빨강) 1. 가장 전하고 싶은 내용
> (파랑) 2. 중요한 지식, 숫자 등 구체적인 정보
> (초록) 3. 흥미로운 포인트

한 가지의 포인트를 이렇게 세 가지로 나누어 써 보는 것입니다. 각각 빨강, 파랑, 초록 펜으로 나누어 적으면 알아보기가 훨씬 쉽겠지요. 56쪽의 '좋아하는 애니메이션 발표'를 다시 예로 들어 봅시다.

> 시작하는 말 | 오늘은 제가 좋아하는 애니메이션 ○○에 대해서 이야기하겠습니다. 제가 이 애니메이션을 좋아하는 이유는 세 가지입니다.

포인트 ①	일단 그림이 너무 멋집니다.
포인트 ②	주인공에게 충분히 공감할 수 있고요.
포인트 ③	성우의 목소리가 멋있어요.
끝내는 말	여러분도 한 번 보시고, 저와 감상을 이야기해 볼 수 있기를 바랍니다.

이 중에서 '포인트 ①: 일단 그림이 너무 멋지다'는 부분을 빨강, 파랑, 초록으로 나누어서 적어 봅시다.

빨강 1. 가장 전하고 싶은 내용

일단 그림이 너무 멋집니다. 만화 영화를 본 적 없는 사람들에게 꼭 보여 주고 싶을 정도입니다. 이 그림을 보고 저는 장래에 만화가가 되고 싶다는 꿈을 갖게 되었습니다.

파랑 2. 중요한 지식, 숫자 등 구체적인 정보

이렇게 그림을 애니메이션으로 만들려면, 인력이나 제작 시간이 보통 영화의 2배 이상 필요하다고 합니다. 총 제작비가 약 ○○원이 든다고 합니다.

> **초록) 3. 흥미로운 포인트**
>
> 이 그림을 알림장에 그려 보았는데, 선생님께서 돌려 주신 알림장에 같은 그림이 그려져 있었습니다. 선생님의 아이가 낙서를 했나? 생각했는데, 알고 보니 선생님이 직접 그리신 것이었습니다. 그 정도로 서툰 그림이었습니다.

주제에 대해 자신의 의견을 발표하는 것이 목적이기 때문에, 가장 중요한 것은 빨강 부분이지만, 그것만으로는 흥미나 재미를 유발할 수가 없습니다. 발표를 좀 더 재미있게 하려면 역시 **구체적인 에피소드**가 가장 효과적입니다. 평소에 생각하고 있는 주제와 관련한 에피소드가 생길 때마다 적어 두면 큰 도움이 되겠지요. 말하자면 '에피소드 모음 수첩'이라고 할 수 있습니다.

나는 대학생들에게도 항상 '근황 보고'를 하게 합니다. 일주일 동안 무슨 일이 있었는지 15초 동안 발표를 하는 것인데, 지하철 안에서 십 년 만에 초등학교 동창을 만난 이야기도 좋고, 어제 본 드라마 이야기도 좋고, 무슨 이야기든지 하게 합니다. 이 훈련은 일상 속의 구체적이면서도 사소한 에피소드를 기억하는 데에 큰 도움이 됩니다. 이야기를 들어 줄 상대가 없을 때는 에피소드 모음 수첩에 기록해 두면 됩니다.

'아이, 좋아', '정말 즐거워', '우와, 멋진데' 이런 생각이 드는 상황을 찾으려고 노력하면 매일이 즐거워집니다.

Tip 2 어휘력으로 발표를 풍성하게

재미있고 흥미로운 발표를 하는 데 있어서 구체적인 에피소드만큼이나 중요한 것이 '어휘력'입니다. **평소에 어휘력을 많이 길러 두면 발표가 훨씬 재미있어집니다.** 좋아하는 애니메이션이 얼마나 재미있는지 전달할 때도, 어휘력이 없으면 '굉장해요, 정말 재미있습니다' 같은 단조로운 표현 밖에 할 수 없어요. 어떤 장면이 어떻게 재미있는지 전혀 전달되지 않는 겁니다. 그러므로 어휘력을 기르는 것은 정말 중요합니다.

어휘력을 기를 수 있는 가장 좋은 방법은 '책 읽기'입니다. 어휘를 가장 풍부하게 가지고 있는 사람은 작가들이기 때문입니다. 작가의 어휘력과 어휘 사용법을 보면 정말로 대단합니다. 그들은 단 몇 줄로, 독자들이 수많은 상상을 하게 하는 힘을 가지고 있습니다.

예를 들면, 다자이 오사무의 〈달려라 메로스〉라는 작품의 첫 구절은 다음과 같습니다.

> 메로스는 울분을 삭이지 못했다. 내 반드시 저 포악무도한 포군을 없애 버리리라, 다짐하고 또 다짐했다.

독자들은 이 한 구절만 읽고도 어떤 나쁜 왕이 있고, 주인공이 그 사람을 반드시 처벌하려고 한다는 것을 알 수 있습니다. 그리고 '포악무도'라는 단어도 배우게 되는 겁니다. 나쓰메 소세키의 〈도련님〉이라는 작품의 첫 구절도 봅시다.

> 부모님이 물려주신 물불 안 가리는 성격 탓에 어릴 때부터 늘 손해만 봐 왔다. 초등학교 때 학교 건물 2층에서 뛰어내려 일주일 정도 허리를 펴지 못한 적이 있다. (중략) 아버지가 그 큰 눈을 부라리며, 겨우 2층에서 뛰어내렸는데 허리를 다치는 놈도 다 있냐고 하기에, 다음에는 다치지 않고 날아가는 모습을 보여드리겠다고 대답했다.

이 몇 줄만 읽어도, 주인공이 부모님에게 물려받은 물불 안 가리는 기질이 어떤 것인지 이해하게 되고, 새로 배우는 어휘도 늘어가는 겁니다. 책 읽기를 통해 어휘를 늘려 나간다는 말은, 표현의 폭이 점점 넓어진다는 의미이기도 합니다. 모두 지금 당장 독서를 시작하기 바랍니다. 왜냐하면 초등학교까지는 큰 차이가 나지 않지만, **대학생 정도 되면 발표의 질과 독서량은 비례한다는 것이 확연하게 드러나기 때문입니다.**

책을 많이 읽지 않은 학생은 어휘가 일상생활 수준에 한정되어 있기 때문에, 발표를 할 때도 표현 자체가 평범하고 흥미로울 수 없습니다. 반면에 책을 많이 읽으면 신기하게도 '글쓰기용 어휘'가 고스란히 '말하는 어휘'로 되살아납니다. 그러므로 **독서는 전달력을 키울 수 있는 중요한 방법**입니다. 어휘력만이 아닙니다. 독서는 지식을 쌓는 데 있어서도 매우 효과적입니다. 지식이 풍부하면 발표할 때 유리한 점이 한 두 가지가 아닙니다. 요즘은 '감각'으로 이야기하는 사람이 많은데, 감각은 한계가 있습니다. 그럴 때 지식이라는 든든한 보루가 있다면, 발표 내용은 물론이고 말하는 사람 자체에서 신뢰가 묻어 납니다. 여러분도 열심히 책을 읽어서 어휘력과 지식을 마음껏 키워 나가기 바랍니다.

Tip 3 발표 상황에 맞게 몸으로 표현하기

발표용 원고가 완성되면 실제로 발표를 한다는 생각으로 연습을 시작합니다. 말하기 연습을 할 때에는 자신의 '몸'에도 신경을 써야 합니다. 친구들과 대화를 나눌 때나 외국에서 말이 통하지 않는 사람과 이야기를 할 때, 몸짓과 손짓은 중요한 커뮤니케이션의 수단이 됩니다. 다시 말하면 우리의 **몸은 표현의 기본**이라고 할 수 있습니다.

나는 예전에 국보급 가부키 연기자인 반도 타마사부로 선생님으로부터 **'모든 감정 표현은 가슴을 여는 것에서 시작한다'**라고 배운 적이 있습니다. 가슴을 연다는 것은 자신을 있는 그대로 보인다는 의미입니다. 가부키를 연기할 때만이 아니라, **자신을 오픈하여 상대와 마주하는 것**. 그것이 모든 표현 행동에 있어서 중요하다는 뜻입니다. 그러므로 발표 전에는 가슴을 활짝 열어서 자신을 온전히 드러내 보세요. 몸과 마음이 편안해지면서 여러분의 감정을 솔직하게 표현할 수 있게 될 것입니다.

그런 다음 가볍게 점프를 몇 번 하고, 온 몸의 산소가 새 것으로 교체된다는 상상으로 숨을 길게 토해 냅니다. 마지막으로 크게 숨을 들이 마시고 가슴 앞쪽에서 두 손을 모읍니다. 그리고 마음속으로 '기죽지 않기를, 웃음거리가 되지 않기를' 하고 주문을 외운 다음, 모았던 두 손을 양쪽으로 열어 줍니다. 바로 그 때 가슴이 활짝 열리게 되는 겁니다.

그리고 청중을 좌우로 훑어보세요. 아이돌들이 콘서트를 할 때 좌우 그리고 2층 객석까지 모두 쳐다보며 '여러분, 안녕하세요! 오늘 이렇게 와 주셔서 감사합니다!' 하고 모두와 눈을 맞춘다는 느낌으로 말입니다. 이야기를 시작하기 직전, 그러니까 단상 위에 올라서서 자세를 완전히 잡기 전에 하는 의식입니다. 종종 '너무 떨리면 청중들을 호박 덩어리라고 생각해'라는 이야기를 하는데, 굳이 그렇게까지 생각할 필요는 없을 것 같습니다. 아무리 생각해도 사람이 호박으로 보일 수는 없으니까요(웃음). 사람들을 한 번씩 훑어보면서 '모두들 나를 쳐다보고 있어. 너무 행복해'라고 상황을 받아들일 수 있을 만큼, 신경을 단단하고 담대하게 단련해 둡시다.

Tip 4 발표 직전에 긴장이 된다면

아무리 준비를 완벽하게 했더라도 발표 현장에 가면 긴장될 수밖에 없습니다. 앞에서도 말했듯 적당한 긴장감은 나쁘지 않답니다. 다만 발표를 할 수 없을 정도로 긴장된다면, 배꼽 밑에 손을 대고 심호흡을 해 보세요. 긴장한다는 것은 의식 위로 '기(氣)'가 뻗쳐 나온 상태이기 때문에, 배꼽 밑에 손을 대고 '후~' 하는 호흡과 함께 기를 아래로 내려 보내는 겁니다. 그 정도만 해도 마음이 차분해질 겁니다. **사람의 몸에는 단전이라는 곳이 있는데, 그곳은 기력이 모이는 곳**으로 알려져 있습니다. 특히 배꼽 밑에 있는 '제하단전'에 의식을 집중하면 건강에도 좋고 용기도 생긴다고 합니다.

공자의 〈논어〉에서 읽은 적이 있는데, 단전에는 이 제하단전을 포함해서 세 개가 있습니다. 공자는 중국 춘추전국시대의 사상가로, 유교의 시조이기도 합니다. 그 공자가 〈논어〉에서 "지자(知者)는 미혹되지 않고, 인자(仁

者)는 근심하지 않으며, 용자(勇者)는 두려워하지 않는 다"라는 말로써, '지(知), 인(仁), 용(勇)'을 유교의 '3덕'으로 삼았습니다. 지혜로운 자는 미혹되거나 헤매지 않고, 인자한 자는 성실하기 때문에 근심할 일이 없으며, 용기가 있는 자는 두려워할 일이 없다는 뜻입니다. 여기서 말하는 **'지(지성)'의 단전은 전두엽 즉 이마에 있고, 인(성의, 상냥함)의 단전은 가슴, 그리고 용(용기)의 단전은 배꼽 밑에 있다**고 봅니다.

그러므로 발표 전에 너무 떨리고 긴장된다면 이마에 손을 대고 머릿속에 발표할 내용이 잘 정리가 되어 있는지 확인하세요. 그 다음 가슴에 손을 대고 '사람들이 잘 이해할 수 있는지, 어느 누구도 상처 받거나 화낼 만한 내용은 아닌지' 되돌아 보세요. 마지막으로 배꼽 밑에 손을 대고 '용기를 내자'라고 집중하면 됩니다. 그렇게 세 곳의 단전에 손을 대어 숨을 토해 내고, 가볍게 점프하면서 '아자! 아자!' 소리를 내고 손을 꽉 쥐면, 소리를 잘 낼 수 있답니다.

Tip 5 전달력은 일상을 즐겁게 해 준다

사람들 앞에서 발표를 통해 자신의 의견을 전달할 수 있는 힘의 비결과 연습 방법은 이 정도면 충분하다고 생각합니다. 이제 남은 일은, 여러분이 판다 노트 연습법을 바탕으로 나만의 방법을 찾아가면서, 피아노나 축구 연습을 하듯이 발표 연습도 지속하는 것뿐입니다. 그러다 보면 자신을 갖고 발표에 임할 수 있는 날이 오리라 믿습니다. 가족 앞에서 발표 연습을 할 때 스마트 폰으로 동영상을 찍어 두는 것도 좋은 방법입니다. 15초 스피치나 1분 스피치를 연습할 때 시간도 잴 수 있고, 동영상을 보면서 자세가 바른지, 발음은 또렷하고 분명하게 잘 하는지 등을 확인할 수 있기 때문입니다. 여유가 있다면 원고를 연기 대본처럼 만들어 보는 것도 좋습니다.

지금까지 이야기했던 것처럼 세 가지 포인트를 적어 본다거나 그림을 그린다거나 해서, 청중들을 좀 더 즐겁고 흥미롭게 할 연구를 해 보는 겁니다. '이렇게 하면 전달이 잘 될까?', '이런 식으로 보여 주면 재미있어 할까?' 고민하고 궁리하면서 발표 연습을 반복해 보세요. 긴장감이나 부끄러움을 극복하고 자신이 전달하고자 하는 내용을 여러 사람과 공유하는 기쁨, 친구를 만난 것 같은 기쁨, 내가 가지고 있는 정보를 알려주는 기쁨, 나아가서는 이 세상을 풍부하게 가꾸어 가는 기쁨을 느낄 수 있게 될 것입니다.

'왠지 일상이 재미가 없어, 살아가는 의미를 못 느끼겠어' 어쩌면 이런 생각을 하고 있는 친구들도 있을지 모릅니다. 그런 친구에게 '이 세상에는 이렇게 재미있고 흥미로운 것들이 많아, 그러니까 너도 한 번 즐겨 봐!' 하고 전달해 주면, 그 친구의 인생이 극적으로 바뀔 지도 모른답니다. '발표 좀 못 하면 어때, 관심 없어' 그렇게 생각하고 있는 친구가 있다면, 아직 그런 기쁨이나 보람을 경험하지 못하고 있을 뿐입니다. 도전하고 경험하면서 자신감을 쌓다 보면 기쁨으로 충만할 날이 올 겁니다. 못한다고 포기하지 말고 일단 도전해 보세요. 다현이와 지민이, 마리처럼, 세상이 넓게 보이고 즐거운 인생이 열릴 테니까요!

전달력을 기르는 것은 발표나 프레젠테이션을 잘 하기 위해서만이 아니랍니다. 친구들과 수다를 떨고 처음 보는 사람과 대화를 나누는 등 인간관계를 원만하게 유지해 나가는 것도 **전달력**이 있고 없고에 달려 있다 해도 과언이 아닙니다. 이번에는 일상적인 대화나 잡담을 할 때 활용할 수 있는 **전달력**에 대해 이야기해 볼게요.

Tip 1 전달력이 있으면 좋은 친구가 생겨요

　'좋은 친구'란 어떤 친구라고 생각하나요? 거창하게는 '목숨이 위태로울 때 도와주는 사람', '모험을 함께 하는 친구'라고 할 수 있을지 모르지만, 현실에서 그런 상황을 마주할 확률은 거의 없잖아요. 조금 나이가 들면 '어려울 때 돈을 빌려주는 사람이 좋은 친구'라고 생각하는 사람도 있을지 모르겠습니다(하지만 친한 사이일수록 돈 거래는 하지 않는 편이 좋아요).

내가 생각하는 좋은 친구란, **좋아하는 것에 대해 즐겁게 이야기를 나눌 수 있는 사람**입니다. 즐겁게 대화를 나눌 수 있다면 좋은 친구가 아닐 리 없고, 내가 좋아하는 것을 공유할 수 없다면 좋은 친구라고 할 수 없을 거예요. 같은 반이지만 거의 대화를 나누지 않는다면, 그 사람은 같은 반 아이일 뿐 친구는 아닌 거지요. '친구가 될 수 있느냐 없느냐'의 기준은, '서로 좋아하는 것에 대해 즐겁게 이야기를 나눌 수 있느냐 없느냐'라고 생각합니다.

예를 들면 좋아하는 만화 영화가 같은 사람을 만났을 때, 등장인물 중 누가 좋은지, 어떤 점이 좋은지, 어떤 장면이 짜릿하고 멋있었는지, 최대한 상대방에게 전달하고 싶은 마음이 생기지 않나요? 같은 것을 좋아하고 공감하면서 분위기가 무르익으면, 그것만으로도 이미 '우린 친구야'라는 기분이 듭니다. 설령 좋아하는 부분이 달라도, '너는 그 부분이 좋았구나. 하긴 나도 좋았어. 다음에는 이런 부분도 한 번 잘 살펴봐' 하고 이야기를 풀어 나갈 수도 있습니다. 그렇기 때문에 전달력이 있으면 좋은 친구도 만들 수 있답니다.

내가 좋아하는 주제라면 그것과 관련한 정보를 수집하고 기억하는 일도 즐거울 테니, 이야깃거리가 팍팍 떠오를 수 있습니다. 이처럼 **좋아하는 대상에 대한 정보는 전달력을 지탱해 주는 중요한 포인트**가 됩니다. 사람들 앞에서 '내가 좋아하는 것'을 주제로 발표할 때, 나만 좋아하는 것도 좋겠지만, 기왕이면 여럿이 함께 좋아하는 주제라면 더 낫지 않을까요? 청중들도 여러분의 든든한 지원군이 되어 줄 겁니다.

대학 강의 중 라면집에 대해 발표한 대학생이 있었어요. '가업으로 이어 오는 라면에 빠져 있습니다. 이 가게는 이렇고, 저 가게는 저렇고, 연락 주시면 맛집을 알려드리겠습니다', 그 발표 후 다른 학생들도 먹고 싶은 마음에 엄청난 질문이 쏟아져 나온 적이 있습니다. 누구나 좋아하는 **라면**이라는 공통분모와, 그것에 대한 **정보**를 풍부하게 가지고 있다는 점이 그 학생의 **전달력**을 높여 주었던 겁니다.

나는 다양한 사람들과 '좋아하는 것들에 대한 공통점'을 점점 늘려 나가고 싶기 때문에, 유행하는 책이나 만화, 영화, 노래들을 최대한 많이 보고 들으려고 합니다. 그러다 보면 처음 만난 사람과도 소통할 수 있는 화젯거리나 잡담거리를 많이 확보할 수 있기 때문입니다.

Tip 2 전달력이 있으면 잡담이 능숙해져요

전달력을 기르면 일상적인 잡담도 능숙하게 잘 풀어 갈 수 있답니다. 발표와 달리 잡담이나 일반적인 대화는 일방통행이 아니거든요. 상대방의 이야기를 듣기도 하고 내 이야기도 하면서, 캐치볼을 하듯 주고받습니다. 이럴 때 우리가 주고받는다는 것은, 표면적인 언어라기보다 그 안의 **의미**라고 할 수 있습니다. '네가 하는 말은 이렇고 이런 뜻이구나' 하면서 정확한 의미로 받아들이고, 그에 대한 여러분의 생각이나 의견을 다시 상대에게 정확한 의미로 전달합니다. 이러한 '의미의 주고받기'는 전달력을 통해 연습해 온 **요약 능력**이 있으면 거뜬히 해낼 수 있답니다. 다만 '의미의 주고받기'를 할 때 상대방의 의견을 부정하는 행동은 가급적 하지 말기를 바랍니다.

예를 들어 반려동물에 대해 대화한다고 해 봅시다. 나는 강아지를 키우고 있기 때문에 고양이보다는 강아지가 좋아요. 하지만 상대방이 먼저 '고양이는 변덕이 심해서 쌀쌀맞을 때랑 애교부릴 때의 격차가 너무 심해. 그래도 너무 귀여워'라고 이야기를 꺼냈다면, '아, 이 친구는 고양이를 좋아하는구나'라는 의미로 받아들이고, '그렇구나. 녀석의 푹신푹신한 털은 그냥 안고 있기만 해도 힐링이 될 것 같아' 하면서 내 쪽에서 먼저 고양이 예찬론을 펼쳐 주는 겁니다. 그 상황에서 만약 여러분이 '으악, 고양이는 정말 아닌 것 같아. 그 쌀쌀맞은 눈빛은 너무 무서워. 고양이보다는 강아지가 훨씬 귀엽지'라고 대응한다면 얼마나 밉상일까요. 무턱대고 동조부터 하라는 이야기는 아니지만, 일상적인 대화를 나눌 때는 '상대를 부정하지 않는 것'이 포인트입니다. 상대방의 의견에 반대하며 극렬하게 싸우는 논쟁이나 의논의 장이라면 적극적으로 반대 의견을 내세워도 괜찮습니다. 하지만 일상생활에서 대화를 나누는데 굳이 상대의 의견을 부정하며 논쟁을 벌이려고 덤비면, 그런 여러분을 좋아할 사람은 아마 한 명도 없을 겁니다.

요즘은 상대를 논리로 무너뜨리는 모습을 멋있게 보는 면도 있지만, 그러면서까지 굳이 남의 미움을 사 봤자 좋을 게 없잖아요? 사실 나도 예전에는 상대의 의견을 완강하게 따지고 드는 취미를 갖고 있던 시절이 있었습니다(정말 얄미운 녀석이었지요). 나의 논리력에 자신감이 넘쳤던 겁니다. 논리력에 대해서는 일본에서 둘째가면 서럽다는 자부심이 있었기 때문에, 모든 사람의 논리를 부정하고 따지는 재미로 살았던 것 같습니다.

그 결과, 친구들이 모두 떠나버렸어요. 내가 논리적으로 옳다고 여기고 상대를 논리적으로 깔아뭉개며 행복해하는 사이, 주변에 친구들은 한 명도 남아 있지 않게 된다는 것을 배운 겁니다. 물론 논리적으로 이야기하는 자체는 정말 중요합니다. 하지만 상대를 무시하고 무너뜨리면서까지 고집을 부릴 필요는 없을 뿐더러, 굳이 상대에게 미움을 받으면서까지 그렇게 행동할 필요는 더더욱 없지 않을까요?

만약 내가 꼭 전달하고 싶은 이야기를 하다 보니 본의

아니게 상대의 의견을 부정할 수밖에 없을 것 같다면, 일단은 상대의 의견을 긍정으로 받아들이세요. 상대의 이야기 중에서 '이런 점은 좋은 것 같아'라고 인정하는 부분을 발견했다면, '네 말도 일리가 있네' 하면서 우선은 맞장구를 쳐 주세요. 그런 다음 '그 부분에 대해 나는 이런 쪽으로도 생각해 봤어'라든가 '네 의견에 근거해서 생각해 봤는데, 이런 부분도 있지 않을까?' 하면서 여러분의 의견을 보충해 나가 보세요. 그러면 상대는 자신의 의견을 수용하고 한 번 더 생각해 주었다는 점에 으쓱해지면서, 여러분이 반대 의견을 피력하더라도 그렇게 언짢아하지 않을 겁니다.

그러므로 친구와 대화를 나눌 때, 상대의 의견에 대해 '그건 좀 아닌 것 같은데? 나는 이렇게 생각해' 하면서 정면으로 부정하는 말투보다는, '그렇구나, 충분히 그럴 수 있지. 나는 이렇게 생각하는데 네 생각은 어때?' 하고 일단 상대에게 동조를 한 다음, 조금 각도를 바꾸어서 말을 해 보세요.

말하자면 **일단 맞장구 방식**입니다. 상대가 '이건 ○○야'라고 말을 하면 '아, 그렇구나. 네가 ○○라고 하니까 말인데, 나는 이렇게 생각해' 하면서 이야기를 긍정적으로 전개해 나가는 겁니다. 나는 이런 방법을 **'○○라고 하니까 말인데 방식'**이라고 부릅니다. 상대방의 이야기 속에서 ○○라는 일부분을 취하고, '네가 ○○라고 하니까 말인데, 나는 이런 것도 괜찮을 것 같아' 하고 여러분의 의견도 제시하는 거예요. 상대의 의견에 전적으로 찬성하지는 않지만, 일부는 받아들임으로써 '흥미롭게 당신의 이야기를 듣고 있다'는 것을 전달할 수 있다는 장점이 있습니다. 이 방식은 상대가 연신 자기 자랑만 늘어놓는 경우에도 활용할 수 있어요.

예를 들면 상대가 '나는 그 동안 △△ 실력이 많이 늘었어. 얼마 전에는 □□상까지 탔다니까' 하면서 끊임없이 자랑만 늘어놓습니다. 그럴 때도 '○○라고 하니까 말인데 방식'을 활용해서 '실력이 늘었다고 하니까 말인데'라든가 '□□상이라고 하니까 말인데'라고 하면서 슬쩍 대화 방향을 바꿔 보는 겁니다. 상대는 자기 자랑이 조금 성에 덜 차기는 하지만, 기분이 상하지는 않았기 때문에 다른 화제로 옮겨갈 수 있답니다.

Tip 3 사실이라 해도 말해서는 안 되는 것이 있어요

자신의 의견이 사실이라고 해도 상대에게 반대표를 던지는 행동은 삼가는 편이 좋습니다. '내 말이 사실이잖아, 아닌 것을 아니라고 하는데 뭐가 문제야?'라고 생각하는 사람도 있을지 모르지만, 사실을 주장하는 대신 친구를 잃을 수도 있다는 것을 명심하기 바랍니다.

여러분이 부정하려는 그 말이, 상대 입장에서는 엄청난 용기를 내서 꺼낸 말일 수도 있잖아요. 그런 사람에게 '아무리 그렇더라도, 그 의견은 누가 보아도 이상한데'라고 반박해 버린다는 것은, 그야말로 이후의 상황이 초래할 결과에 대한 상상력이 부족한 행위라고 생각합니다. **'상대가 기분 상할 것 같은 말은 하지 않는다'는 것은 인간으로서 최소한의 매너**임을 잊지 마세요. '사실인데도 말하면 안 된다니!' 하는 논리의 문제가 아니라, 인간으로서 기본적인 매너의 문제이기 때문입니다.

요즘은 유튜브나 SNS 등에서도 비방 댓글이 문제가 되고 있습니다. 그런 댓글을 쓰는 사람들 중에도 '사실인데 뭐 어때'라는 생각하는 경우가 많은 것 같습니다. 하지만 심한 경우에는 *중상모략이라는 심각한 문제로 전개되기도 합니다. 사실이 아닌 경우도 많지만, 사실이라 하더라도 '공개적으로 댓글을 달지 않는 것이 매너'임을 알아두기 바랍니다.

예를 들면 친구가 머리를 너무 짧게 잘라서 누가 봐도 대머리처럼 보입니다. 하지만 그렇다고 그 친구 앞에서 '어머, 머리 왜 그래? 정말 대머리 같잖아' 하고 말해버린다면 당사자는 얼마나 상처를 받을까요? 당사자가 '아니, 엄마가 잘라 주셨는데 이렇게 대머리를 만들어 놓으셨지 뭐야' 하고 웃으면서 받아넘길 수 있다면 다행입니다만, 그렇지 않은 상황이라면 직접적으로 언급하지 않는 것이 매너입니다. '머리 너무 짧아서 이상하지?' 하고 본인이 물어도 '아니, 그 정도는 아닌데' 하고 대답해 주는 센스가 필요하지요.

***중상모략**: 근거 없는 말로 남을 헐뜯거나 사실을 왜곡해 남을 해롭게 하는 일.

현장에서도,
얼굴을 마주하지 않는 인터넷 상에서도,
사람들에게 상처를 주는 말은
절대로 하지 않기!

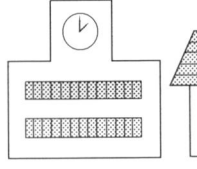

설령 사실이라고 하더라도 상대가
상처를 입을 것 같은 말은 하지 않기.
그런 배려 역시 잡담을 능숙하게
해 주는 비결이에요.

Tip 4 의견 충돌을 통해 신선한 아이디어가 떠올라요

개인적인 일상 속 대화를 능숙하게 풀어나가는 능력이 인간관계를 구축해 나가는 데 있어서 상당한 도움이 된다는 사실, 이해되었나요? 무슨 일이든, 인간관계는 매우 중요합니다. 쓸데없이 다른 사람과 적이 되어 스트레스를 받을 필요는 없습니다. 나도 그 사실을 깨닫고 난 후, 의견 차이가 있더라도 상대를 논리적으로 무너뜨리려는 무리한 행동을 하지 않습니다. 논리 싸움에서 이기는 대신 친구를 잃는다면 아무런 이득이 없다는 것을 깨달았기 때문입니다. 상대를 논리적으로 이기는 것보다는, 서로 힘을 합쳐서 무엇인가를 만들어 내는 편이 크리에이티브(독창적, 창조적이라는 의미)하고 즐거운 일임을 알게 된 것이지요. 상대 의견과 나의 의견이 충돌했다고 해서, 무조건 어느 한 쪽이 이기고 지는 싸움을 하려고 해 봤자 얻는 것은 하나도 없습니다.

어느 쪽 의견이 어떤 점이 좋은지, 어떤 문제점이 있는지 되짚어보고, 좀 더 좋은 아이디어나 결론을 얻기 위해 대화를 나누는 것이 현명하고 이상적입니다. 바로 이런 이유 때문에 상대가 말하는 의미를 알아차리는 **요약 능력**과, 상대에게 나의 이야기의 의미를 전달하는 **전달력**이 필요한 겁니다. 이 두 가지 능력이 있으면 설령 상대와 다른 의견이 있더라도 정면으로 충돌하지 않고, 서로 좋은 점을 찾아서 보완하고 음미할 수 있습니다.

A라는 아이디어와 그에 반하는 B라는 의견이 있는 경우, A와 B가 충돌하는 것으로 끝이 아닙니다. 상호 보완의 노력을 기울이면 전혀 새로운 C라는 좋은 아이디어가 탄생하게 되는 것입니다. 조금 어려운 내용이긴 한데, 이를 가리켜 **변증법적 대화**라고 합니다. 아주 오래 전, 고대 그리스 시대의 철학자인 소크라테스가 사용했던 방법입니다.

예를 들면 환경 문제에 대해 대화하는 경우, A라는 사람은 '지구온난화가 환경을 파괴하고 있어요. 환경을 지켜야 합니다'라는 의견을 가지고 있다고 합시다. 이에 대해 B라는 사람은 '이 세상의 모든 사람들이 풍족하고 행복하게 살기 위해서는 경제 발전이 필수적입니다'라고 주장합니다. 경제를 우선시하다 보니 환경 문제가 악화되었다는 의견과, 환경문제를 우선하다 보면 경제가 발전하지 않는다는 의견. 그런데 이 두 가지 의견이 충돌한 결과, 친환경 자동차라든가 전기 자동차 같은, C라는 아이디어가 탄생했습니다. 이산화 탄소 배출량을 줄여서 환경을 배려하고, 새로운 상품이나 서비스를 시장에 투입하여 경제 발전을 도모하는 겁니다. 의견이 충돌할 때가 바로 새로운 아이디어가 탄생하는 절호의 찬스임을 명심하시기 바랍니다.

Tip 5 창조적 커뮤니케이션을 해요

　내가 좋아하는 고교 야구에서도 새롭고 멋진 아이디어가 나왔던 사례가 있습니다. 내가 워낙 고교 야구를 좋아해서, 하루에 보통 네 경기가 있는데 그것을 모두 녹화해 두고 일이 끝나면 밤새 보는 취미가 있습니다. 그런데 언제인가부터 시합 기간 중에, *백네트 뒤에 형광색 모자를 눌러 쓴 아저씨가 하루 종일 앉아 있는 것을 보게 되었는데, 야구 팬들 사이에서도 그 아저씨가 점점 화제로 떠오르게 되었습니다. 해마다 시합이 있는 날이면 항상 백네트 뒤, 맨 앞줄에 그 아저씨가 있는 것을 보고, 나를 비롯한 모든 사람들은 몹시 궁금해 했습니다. 어느새 그 아저씨는 TV 스타로 자리 잡았고, 그 장면을 본 시청자들은 야구 시합보다 그 아저씨를 더 흥미롭게 보곤 했습니다. 백네트 뒤 맨 앞줄 좌석은 그 아저씨와 친구로 보이는 사람들이 진을 치고 있는 탓에 다른 사람들은 앉을 수도 없게 되어 버린 것 같았습니다. 어떤 사람들은 '야

***백네트** : 야구장에서 공을 막기 위해 포수가 있는 자리 뒤쪽에 지는 그물.

구 경기를 사유화했다'며 비판하기 시작했어요. 야구장 좌석은 자유석이기 때문에 누가 앉아도 상관없는데 유독 그 아저씨만 맨 앞에 앉아 있으니, 열렬한 팬으로서는 그냥 두고 볼 수만은 없는 노릇이었습니다. 어떻게 좀 안 될까? 하고 생각하고 있던 차에, 고교야구연맹이 아주 멋진 해결책을 내놓았습니다.

백네트 뒤의 맨 앞줄에 근처에 있는 유소년 야구팀을 초청해서 관람하도록 한 것입니다. 그 덕분에 요즘 고교야구 시합에서는 백네트 뒤의 맨 앞줄에 어린 꿈나무들이 나란히 앉아서 시합 구경하는 풍경을 볼 수 있습니다. 그야말로 내가 보고 싶었던 광경입니다. 시합 전 날 밤부터 진을 치고 있던 아저씨 팬들은 사라지고, 고교 야구 선수를 꿈꾸는 유소년 선수들이 눈망울을 반짝이며 앉아 있는 맨 앞줄. 그전까지는 유소년 꿈나무들이 앞에서 보고 싶어도 아저씨들이 전날 밤부터 자리를 차지한 바람에 엄두도 내지 못했던 겁니다. 그 모순을 변증법적으로 해결한 아이디어는 바로, 유소년 야구팀을 무료 초청하는 행사였습니다. 그 날 이후로 형광색 모자를 쓴 아저씨는 백네트 뒤의 맨 앞줄에는 앉지 못했지만, 다른 좌석에서 여전히 고교 야구를 즐기고 있는 것 같았습니다. 팬들 모두가 납득할 수 있는 좋은 아이디어였습니다.

내가 낸 아이디어가 통과되어야만 최고라고 할 수는 없습니다. 다른 사람의 아이디어와 부딪치기도 하고 융합되기도 하면서, 더 좋은 아이디어를 만들어 내면 되는 겁니다. **전달력**이 있으면, 설령 일부분이라도 나의 아이디어가 구체적인 틀 속에서 실현될 수 있습니다. 나는 이것을 '창조적 커뮤니케이션'이라고 부릅니다. 앞으로의 시대에서 가치를 낳고 세상을 이롭게 하는 것은 다름 아닌 아이디어입니다. 아이디어가 쏟아지는 대화에는 현실을 변혁하고 발전시키는 힘이 있습니다. 그렇기 때문에 지금의 우리는 **전달력**을 총동원하여 가치를 낳는 창조적 커뮤니케이션을 만들어 나가야 합니다.

참고문헌

- 〈사람과 일이 만들어 내는! WEB 회의와 메일의 기술
  (人と仕事が動きだす!　WEB会議とメールの技術)〉
  사이토 다카시(齋藤 孝) 저, 주부의 벗(主婦の友)사

- 〈출력의 힘 '말하기', '쓰기', '발신하기'가 극적으로 성장하는 85가지 방법
  (アウトプットする力「話す」「書く」「発信する」が劇的に成長する85の方法)〉
  사이토 다카시(齋藤 孝) 저, 다이아몬드사

- 〈말하기의 힘(話すチカラ)〉
  사이토 다카시(齋藤 孝) / 아즈미 신이치로(安住 紳一郎) 저, 다이아몬드사

- 〈정말 '머리가 좋다'는 것은 무엇일까?: 공부와 인생에 도움이 되는, 평생 활용할 수 있는 사고법(本当の「頭のよさ」ってなんだろう?: 勉強と人生に役立つ、一生使えるものの考え方)〉
  사이토 다카시(齋藤 孝) 저, 성문당광신사(誠文堂新光社)

- 〈친구란 무엇일까?: 혼자 될 용기, 사람과 이어지는 힘
  (友だちってなんだろう?: ひとりになる勇気、人とつながる力)〉
  사이토 다카시(齋藤 孝) 저, 성문당광신사(誠文堂新光社)

- 〈도련님(坊っちゃん)〉…〈치쿠마(筑摩) 일본문학전집 23(日本文学全集 23)〉
  나츠메 소세키(夏目漱石) 저, 치쿠마 서점(筑摩書房)

- 〈달려라 메로스(走れメロス)〉…〈다자이 오사무(太宰治) 전집 3〉
  치쿠마 문고 / 치쿠마 서점(筑摩書房)

[기타 참고]

문부과학성 홈페이지
www.mext.go.jp/a_menu/shotou/new—cs
〈새로운 학습지도 요령(新しい學習指導要領): 살아가는 힘, 배움의 그 끝으로〉

글 사이토 다카시

일본 메이지대학 문학부 교수. 1960년 일본 시즈오카 현 출생. 도쿄대학교 법학부 및 동 대학원 교육학 연구과 박사 과정을 거쳤다. 교육학, 신체론, 커뮤니케이션론을 전공했다. 베스트셀러 작가, 문화인으로서 다양한 미디어에서 활약하는 한편, 본업은 중·고등학교 교사를 꿈꾸는 학생들이 이수해야 하는 교직 과정을 지도하는 교수로, 교원 양성에 힘을 쏟고 있다. '교육에 있어서의 신체 연구', '커뮤니케이션 기법', '교육 방법 및 수업 만들어 나가는 법', '교사로서의 역량 형성'을 연구 주제로 하여, 고난도와 하이 텐션, 초실천적인 수업으로 교월을 지망하는 학생들로부터 뜨거운 지지를 얻고 있다. NHK ETV 〈일본어로 놀자〉의 종합 지도를 맡았다. 서시로는 〈잡담이 능력이다〉, 〈혼자 있는 시간의 힘〉, 〈세계사를 움직이는 다섯 가지 힘〉, 〈내가 공부하는 이유〉외 다수가 있다.

옮김 김윤희

경희대학교 일어일문학과를 졸업하고 현재는 출판번역 전문 에이전시 베네트랜스에서 전속 번역가로 활동 중이다. 옮긴 책으로는 〈아이를 혼내기 전에 읽는 책〉, 〈시시하게 살지 않겠습니다〉 등이 있다.